Mina Kumari

Para além dos algoritmos: O toque humano na IA

Mina Kumari

Para além dos algoritmos: O toque humano na IA

ScienciaScripts

Cover image: www.ingimage.com

This book is a translation from the original published under ISBN 978-620-7-80797-0.

Publisher:
Sciencia Scripts
is a trademark of
Dodo Books Indian Ocean Ltd. and OmniScriptum S.R.L publishing group

120 High Road, East Finchley, London, N2 9ED, United Kingdom
Str. Armeneasca 28/1, office 1, Chisinau MD-2012, Republic of Moldova, Europe
Printed at: see last page
ISBN: 978-620-7-86061-6

Para além dos algoritmos: O toque humano na IA

Por

Dr. Mina Kumari

Universidade K.R. Mangalam, Sohna, Gurugram

Prefácio

Numa época em que a inteligência artificial (IA) está a tornar-se cada vez mais difundida, o diálogo gravita frequentemente em torno de algoritmos, dados e avanços tecnológicos. No entanto, o verdadeiro potencial e impacto da IA vão muito para além do domínio dos algoritmos. Este livro aprofunda os elementos humanos indispensáveis que moldam a IA e a sua integração na sociedade. Explora a forma como a criatividade humana, a ética, a empatia e a colaboração podem orientar o desenvolvimento e a implementação da IA, garantindo que esta serve a humanidade de forma significativa e positiva. "Para além dos algoritmos: The Human Touch in AI" é uma viagem ao coração desta tecnologia transformadora, destacando o papel vital da perspicácia e dos valores humanos.

Saudações calorosas,

Dr. Mina Kumari

Índice

Capítulo 1: A intersecção entre a Humanidade e a IA

Introdução à IA e ao seu estado atual

Definição e evolução da IA

A Inteligência Artificial (IA) é o ramo da ciência da computação que se dedica à criação de sistemas capazes de realizar tarefas que normalmente requerem a inteligência humana. Estas tarefas incluem a aprendizagem, o raciocínio, a resolução de problemas, a perceção, a compreensão da linguagem e até a tomada de decisões. A evolução da IA pode ser traçada desde os seus primórdios teóricos na década de 1950 até às suas aplicações práticas actuais, impulsionada pelos avanços na capacidade de computação, nos algoritmos e na disponibilidade de dados.

Tipos de IA

1. **IA** estreita: Também conhecida como IA fraca, a IA estreita é concebida para executar uma tarefa específica ou uma gama restrita de tarefas. Os exemplos incluem o reconhecimento de voz, a classificação de imagens e os sistemas de recomendação.

2. **IA geral**: A IA geral refere-se a sistemas de IA que possuem a capacidade de compreender, aprender e aplicar conhecimentos numa vasta gama de tarefas - tal como um ser humano. A IA geral continua a ser um conceito teórico e ainda não se concretizou na prática.

3. **Superinteligência artificial**: Esta hipotética IA do futuro ultrapassa a inteligência humana em todos os domínios e actividades. Continua a ser um tema de debate filosófico e ético, uma vez que o seu desenvolvimento poderá ter implicações profundas na sociedade.

Aplicações actuais da IA

A IA já teve um impacto significativo em vários sectores e domínios:

- **Cuidados de saúde**: A IA ajuda na análise de imagens médicas, na descoberta de medicamentos, em planos de tratamento personalizados e na monitorização de pacientes.

- **Finanças**: A IA potencia a negociação algorítmica, a deteção de fraudes, a pontuação de crédito e a automatização do serviço ao cliente na banca e nos seguros.

- **Transportes**: A IA permite veículos autónomos, sistemas de gestão de tráfego e manutenção preditiva na logística.

- **Educação**: A IA apoia experiências de aprendizagem personalizadas, sistemas de tutoria adaptativos e criação de conteúdos educativos.

- **Retalho**: A IA melhora o serviço ao cliente através de chatbots, recomendações personalizadas, gestão de inventário e otimização da cadeia de fornecimento.

Considerações éticas e sociais

Desafios e oportunidades

O rápido avanço da IA traz oportunidades e desafios para a sociedade:

- **Preocupações éticas**: Questões como a parcialidade dos algoritmos de IA, a deslocação de postos de trabalho devido à automatização, a privacidade dos dados e a transparência algorítmica exigem uma análise e regulamentação cuidadosas.

- **Oportunidades**: A IA tem o potencial de melhorar a eficiência, reduzir custos, melhorar a tomada de decisões e criar novas funções no desenvolvimento, manutenção e supervisão da IA.

O futuro da IA: abordagem centrada no ser humano

A importância do toque humano na IA

No futuro, é fundamental adotar uma abordagem centrada no ser humano para o desenvolvimento da IA:

- **Colaboração**: A IA deve complementar as competências humanas em vez de as substituir, promovendo a colaboração entre humanos e máquinas nos processos de tomada de decisão.

- **Ética e transparência**: Conceber sistemas de IA que sejam transparentes, responsáveis e alinhados com os valores humanos garante a confiança e a aceitação entre os utilizadores e as partes interessadas.

- **Educação e desenvolvimento de competências**: O investimento em programas de literacia e formação em IA prepara os indivíduos para locais de trabalho orientados para a IA, promovendo a adaptabilidade e a inovação.

Conclusão

A intersecção entre a humanidade e a IA representa um momento crucial na evolução tecnológica. À medida que a IA continua a evoluir, a sua integração na sociedade deve dar prioridade ao bem-estar humano, às considerações éticas e às abordagens de colaboração. Ao aproveitarmos as capacidades da IA de forma responsável e ética, podemos tirar partido do seu potencial para enfrentar os desafios globais, aumentar o potencial humano e moldar um futuro em que a IA sirva como uma ferramenta poderosa para um impacto social positivo.

A importância do toque humano na IA

A integração de um toque humano na IA é crucial por várias razões:

- **Melhorar a experiência do utilizador**: Os sistemas de IA concebidos com empatia e princípios centrados no utilizador podem proporcionar interacções mais significativas e positivas. Por exemplo, as plataformas de aprendizagem personalizadas que se adaptam às necessidades individuais dos alunos podem melhorar significativamente os resultados educativos.

- **Criar confiança**: A confiança é fundamental para a adoção generalizada das tecnologias de IA. Sistemas de IA transparentes e concebidos de forma ética, que respeitem a privacidade dos utilizadores e demonstrem equidade, podem promover uma maior confiança do público.

- **Assegurar o alinhamento ético**: A supervisão humana é essencial para garantir que os sistemas de IA funcionam dentro de limites éticos. Isto inclui a resolução de preconceitos nos algoritmos de IA, a garantia de acesso equitativo aos benefícios da IA e a prevenção de aplicações prejudiciais.

- **Impulsionar a inovação**: A criatividade e a intuição humanas são os principais motores da inovação. Ao colaborar com a IA, os humanos podem tirar partido do poder computacional para explorar novas fronteiras na ciência, na arte e na indústria, conduzindo a descobertas que nenhum deles conseguiria alcançar sozinho.

- **Promover o bem-estar da sociedade**: A IA tem o potencial de resolver alguns dos desafios mais prementes do mundo, desde os cuidados de saúde e a educação até à sustentabilidade ambiental. Garantir que estas tecnologias são desenvolvidas e implementadas com uma abordagem centrada no ser humano maximiza o seu impacto positivo na sociedade.

Conclusão

A intersecção entre a humanidade e a IA é uma paisagem dinâmica e em evolução. À medida que a IA continua a avançar, a integração do toque humano não é apenas desejável, mas essencial. Este capítulo descreveu o contexto histórico e o estado atual da IA, a mudança para abordagens centradas no ser humano e a importância crucial de integrar os valores humanos nos sistemas de IA. No futuro, a sinergia entre a criatividade, a ética e a empatia humanas e as capacidades da IA será a pedra angular de um futuro em que a tecnologia serve verdadeiramente a humanidade.

Capítulo 2: Criatividade e inovação no desenvolvimento da IA

O papel da criatividade humana nos avanços da IA

A criatividade humana é a força motriz por detrás de muitos dos avanços significativos da IA. Embora a IA seja excelente no processamento de dados, no reconhecimento de padrões e na elaboração de previsões, é o engenho humano que conceptualiza novas aplicações, concebe soluções inovadoras e ultrapassa os limites do que a IA pode alcançar. Esta secção explora o papel fundamental da criatividade humana em vários aspectos do desenvolvimento da IA:

- **Conceção de algoritmos**: O desenvolvimento de novos algoritmos exige frequentemente um pensamento criativo para resolver problemas complexos. Inovações como as redes neuronais, a aprendizagem por reforço e as redes adversárias generativas (GAN) são produtos de tais descobertas criativas.

- **Desenvolvimento de aplicações**: A identificação de novas utilizações para a IA envolve a resolução criativa de problemas e conhecimentos especializados no domínio. Por exemplo, utilizar a IA para criar tratamentos de saúde personalizados ou para melhorar as experiências dos utilizadores em jogos e entretenimento requer um conhecimento profundo da tecnologia e do domínio específico.

- **Integração interdisciplinar**: A criatividade é essencial para integrar a IA noutras disciplinas, como a combinação da IA com a arte para produzir novas formas de arte digital, ou com a biologia para fazer avançar a descoberta de medicamentos e a genómica.

- **Ultrapassar as limitações**: O pensamento criativo ajuda a encontrar formas de ultrapassar as limitações dos actuais sistemas de IA, tais como o desenvolvimento de técnicas para reduzir o enviesamento, aumentar a interpretabilidade e melhorar a robustez contra ataques adversários.

Estudos de casos de aplicações inovadoras de IA

Os estudos de caso fornecem exemplos concretos de como a criatividade humana conduziu a aplicações inovadoras de IA. Eis alguns exemplos notáveis:

- **A IA na arte e na música**: Projectos como o DeepDream da Google e o MuseNet da OpenAI mostram como a IA pode colaborar com artistas e músicos para criar novas formas de expressão. O DeepDream utiliza redes neurais convolucionais para gerar imagens surreais, enquanto o MuseNet compõe música misturando estilos de diferentes compositores e géneros.

- **Inovações nos cuidados de saúde**: As inovações impulsionadas pela IA no sector da saúde demonstram o profundo impacto da criatividade. A capacidade do IBM

Watson de analisar grandes quantidades de literatura médica para sugerir potenciais tratamentos para doentes com cancro e os algoritmos de IA utilizados para prever surtos de doenças como a COVID-19 ilustram como as aplicações criativas da IA podem salvar vidas e melhorar a saúde pública.

- **Conservação do ambiente**: As aplicações da IA na ciência ambiental, como a utilização da aprendizagem automática para analisar imagens de satélite para monitorizar a desflorestação ou prever os pontos críticos de caça furtiva da vida selvagem, realçam o papel da IA na abordagem criativa dos desafios globais.

- **Cidades inteligentes**: O desenvolvimento de tecnologias de cidades inteligentes, como os sistemas de gestão de tráfego alimentados por IA que optimizam o fluxo de tráfego e reduzem o congestionamento, exemplifica a utilização inovadora da IA para melhorar as condições de vida urbana.

Colaborações entre humanos e IA em domínios criativos

A colaboração entre humanos e IA em áreas criativas está a promover novas possibilidades e a expandir os horizontes do que pode ser alcançado. Eis algumas áreas em que esta sinergia tem um impacto especial:

- **Literatura e jornalismo**: Os sistemas de IA como o GPT-3 podem ajudar os escritores gerando ideias de conteúdo, redigindo artigos e até escrevendo poesia. Esta colaboração permite que os escritores se concentrem em tarefas criativas de nível superior, enquanto a IA trata dos aspectos de rotina da criação de conteúdos.

- **Design de moda**: A IA está a revolucionar o design de moda, analisando tendências, prevendo as preferências dos consumidores e até gerando novos designs. Os designers utilizam ferramentas de IA para criar linhas de vestuário inovadoras que misturam o artesanato tradicional com a tecnologia moderna.

- **Cinema e animação**: Na indústria cinematográfica, a IA é utilizada para efeitos especiais, assistência na escrita de guiões e até para gerar personagens. Por exemplo, a IA pode analisar grandes conjuntos de dados de guiões de filmes para sugerir desenvolvimentos de enredo ou criar avatares digitais realistas para filmes.

- **Jogos**: A IA melhora o desenvolvimento de jogos ao criar ambientes de jogo mais realistas e adaptáveis. Os personagens não-jogadores (NPCs) orientados por IA podem adaptar-se às acções dos jogadores, proporcionando uma experiência de jogo mais envolvente e desafiante.

Perspectivas futuras da IA orientada para a criatividade

O futuro da IA está prestes a ser moldado de forma significativa pela interação entre a criatividade humana e o avanço tecnológico. Eis algumas perspectivas para a IA orientada para a criatividade:

- **Melhoria da colaboração entre o homem e a IA**: Os futuros sistemas de IA irão colaborar cada vez mais com os seres humanos de formas mais intuitivas e sem descontinuidades. Isto inclui avanços no processamento de linguagem natural, que permitirão uma comunicação mais eficaz entre humanos e IA.
- **Novas formas e meios de arte**: A IA continuará a inspirar novas formas de arte e meios criativos. Por exemplo, as experiências imersivas de realidade virtual (RV) e os mundos virtuais gerados pela IA oferecerão oportunidades sem precedentes para a expressão artística e a narração de histórias.
- **Ferramentas de criatividade personalizadas**: A IA vai permitir a criação de ferramentas personalizadas que se adaptam aos estilos e preferências criativos individuais. Isto poderá revolucionar áreas como a composição musical, as artes visuais e a escrita, tornando os processos criativos mais acessíveis a um público mais vasto.
- **Inovação interdisciplinar**: A capacidade da IA para processar e analisar dados de diversos domínios promoverá a inovação interdisciplinar. Por exemplo, a combinação da IA com a biotecnologia poderá conduzir a novos materiais e produtos, enquanto a integração da IA com as ciências sociais poderá melhorar a compreensão do comportamento humano e das tendências da sociedade.
- **Criatividade ética e responsável**: medida que a IA continua a evoluir, será crucial garantir que as suas aplicações criativas sejam desenvolvidas de forma ética e responsável. Isto inclui abordar questões de propriedade intelectual, autoria e os potenciais impactos sociais dos conteúdos gerados pela IA.

Conclusão

A criatividade humana continua a estar no centro dos avanços da IA, impulsionando a inovação e expandindo o potencial desta tecnologia transformadora. Através da resolução criativa de problemas, da integração interdisciplinar e de considerações éticas, os seres humanos estão a moldar o futuro da IA de forma a melhorar e enriquecer as nossas vidas. Os estudos de caso e os esforços de colaboração destacados neste capítulo demonstram o profundo impacto da IA orientada para a criatividade, oferecendo um vislumbre de um futuro em que o engenho humano e a inteligência artificial trabalham em conjunto para alcançar feitos extraordinários.

Capítulo 3: Ética e responsabilidade na IA

Considerações éticas sobre o desenvolvimento e a implementação da IA

À medida que as tecnologias de IA se integram cada vez mais na sociedade, as implicações éticas do seu desenvolvimento e implantação exigem uma análise cuidadosa. A IA ética implica a criação de sistemas que sejam justos, transparentes e responsáveis, assegurando que beneficiam a sociedade e minimizando os danos. As principais considerações éticas incluem:

- **Privacidade**: Os sistemas de IA dependem frequentemente de grandes quantidades de dados, incluindo informações pessoais. É fundamental proteger a privacidade dos indivíduos e garantir que os dados são recolhidos, armazenados e utilizados de forma responsável. Isto implica a implementação de medidas robustas de segurança dos dados e a obtenção do consentimento informado dos utilizadores.

- **Transparência**: A transparência nos sistemas de IA é essencial para criar confiança. Isto inclui tornar os algoritmos de IA e os processos de tomada de decisão compreensíveis e acessíveis aos utilizadores e às partes interessadas. Uma IA transparente permite que os utilizadores compreendam como as decisões são tomadas e as contestem, se necessário.

- **Responsabilidade**: A atribuição de responsabilidade pelas decisões de IA é crucial, particularmente quando essas decisões têm impactos significativos nos indivíduos e na sociedade. Os programadores, as organizações e as entidades reguladoras devem ser responsáveis por garantir que os sistemas de IA funcionam de forma ética e como pretendido.

- **Preconceito e equidade**: Os sistemas de IA podem inadvertidamente perpetuar ou amplificar preconceitos presentes nos dados em que são treinados. Garantir a equidade implica identificar e mitigar esses preconceitos para evitar a discriminação e garantir resultados equitativos para todos os utilizadores.

- **Autonomia e controlo**: Os utilizadores devem manter o controlo sobre os sistemas de IA, com opções claras para anular ou questionar as decisões da IA. A manutenção do controlo humano ajuda a evitar a utilização indevida e garante que a IA complementa e não substitui o julgamento humano.

- **Impacto social**: As implicações sociais mais amplas da IA, como a deslocação de empregos, a desigualdade social e o potencial de vigilância, devem ser consideradas. O desenvolvimento ético da IA procura atenuar os impactos sociais negativos e promover contribuições positivas.

O papel do julgamento humano na ética da IA

O discernimento humano desempenha um papel fundamental na navegação na paisagem ética da IA. Embora os sistemas de IA possam processar dados e tomar decisões rapidamente, não possuem a compreensão matizada e o raciocínio moral inerentes aos seres humanos. Os principais aspectos do julgamento humano na IA ética incluem:

- **Tomada de decisões éticas**: Os seres humanos devem orientar o desenvolvimento da IA com princípios éticos, assegurando que os sistemas de IA estão em conformidade com os valores sociais e as normas morais. Isto implica um escrutínio ético contínuo ao longo do ciclo de vida da IA, desde a conceção até à implantação.

- **Compreensão do contexto**: O discernimento humano é essencial para interpretar o contexto, algo com que os sistemas de IA têm frequentemente dificuldades. Compreender os contextos sociais, culturais e individuais em que a IA funciona ajuda a evitar consequências indesejadas e garante respostas mais adequadas e sensíveis.

- **Equilíbrio de valores concorrentes**: Os dilemas éticos envolvem frequentemente o equilíbrio de valores concorrentes, como a privacidade versus a segurança ou a eficiência versus a justiça. O discernimento humano é crucial para ponderar estes valores e tomar decisões que tenham em conta impactos sociais mais alargados.

- **Envolvimento das partes interessadas**: O envolvimento de diversas partes interessadas, incluindo utilizadores, comunidades e peritos de várias áreas, enriquece o discurso ético em torno da IA. Esta abordagem colaborativa assegura que são consideradas múltiplas perspectivas e valores, conduzindo a sistemas de IA mais equilibrados e inclusivos.

Abordar os preconceitos e garantir a equidade nos sistemas de IA

O enviesamento nos sistemas de IA pode ter várias origens, incluindo dados de treino enviesados, algoritmos defeituosos e desigualdades sistémicas. Abordar estes preconceitos e garantir a equidade é essencial para uma IA ética. As estratégias para o conseguir incluem:

- **Deteção e atenuação de enviesamentos**: A implementação de técnicas para detetar e atenuar o enviesamento nos sistemas de IA é fundamental. Isto inclui a utilização de algoritmos conscientes da equidade, auditorias regulares dos sistemas de IA e a utilização de diversos conjuntos de dados que representem vários grupos demográficos.

- **Conceção e desenvolvimento inclusivos**: Envolver diversas equipas no desenvolvimento da IA ajuda a garantir que diferentes perspectivas e experiências são consideradas, reduzindo o risco de parcialidade. As práticas de design inclusivo também envolvem a procura ativa de contributos de comunidades sub-representadas e marginalizadas.

- **Transparência e explicabilidade**: Os sistemas de IA transparentes permitem que os utilizadores compreendam como são tomadas as decisões e identifiquem potenciais enviesamentos. As técnicas de IA explicáveis, como a apresentação de fundamentos claros para as decisões de IA, aumentam a transparência e a responsabilidade.
- **Monitorização e avaliação contínuas**: É essencial monitorizar regularmente os sistemas de IA para detetar enviesamentos e resultados injustos. A avaliação contínua ajuda a identificar problemas emergentes e permite intervenções atempadas para resolver os enviesamentos e melhorar a equidade.
- **Normas regulamentares e éticas**: A adesão a normas éticas e directrizes regulamentares estabelecidas ajuda a garantir a equidade nos sistemas de IA. Estas normas fornecem um enquadramento para o desenvolvimento e implementação da IA de forma a promover a equidade e a justiça.

Políticas e regulamentos para uma IA responsável

O desenvolvimento de políticas e regulamentos sólidos é crucial para garantir o desenvolvimento e a implantação responsáveis da IA. Estes quadros ajudam a proteger contra riscos éticos e a promover a utilização benéfica da IA. As principais considerações para a política e a regulamentação incluem:

- **Quadros legais**: É essencial estabelecer quadros legais claros que definam os direitos e responsabilidades dos criadores de IA, utilizadores e indivíduos afectados. Isto inclui leis que abordam a proteção de dados, a privacidade, a discriminação e a responsabilidade.
- **Directrizes éticas**: A elaboração de directrizes éticas abrangentes para o desenvolvimento da IA ajuda a garantir que as considerações éticas sejam sistematicamente integradas nas práticas de IA. Estas directrizes devem ser adaptáveis à evolução dos contextos tecnológicos e sociais.
- **Normas e certificação**: A implementação de normas e processos de certificação para sistemas de IA garante que estes cumprem os padrões de referência éticos e técnicos. As auditorias e certificações independentes podem ajudar a verificar a conformidade com as normas éticas e regulamentares.
- **Envolvimento e educação do público**: Envolver o público em debates sobre a ética da IA e educar as partes interessadas sobre as implicações das tecnologias de IA promove a tomada de decisões informadas e participativas. O envolvimento

do público ajuda a criar confiança e garante que os desenvolvimentos da IA se alinham com os valores sociais.

- **Colaboração global**: Abordar os desafios éticos e regulamentares da IA requer uma cooperação global. A colaboração internacional sobre ética, normas e políticas de IA pode ajudar a harmonizar as abordagens e promover a utilização responsável da IA em todo o mundo.

Conclusão

A ética e a responsabilidade são fundamentais para o desenvolvimento e a implantação de tecnologias de IA. Ao abordar considerações éticas, alavancar o julgamento humano, mitigar preconceitos e implementar políticas e regulamentos robustos, podemos garantir que a IA serve como uma força para o bem. Este capítulo sublinha a importância de uma abordagem holística à IA ética, integrando perspectivas técnicas, sociais e regulamentares para criar sistemas de IA que sejam justos, transparentes e responsáveis. medida que a IA continua a evoluir, a manutenção de uma forte bússola ética será crucial para orientar o seu impacto na sociedade e garantir que melhora e não prejudica os valores humanos.

Capítulo 4: Empatia e conceção de IA centrada no ser humano

A importância da empatia nas interacções com a IA

A empatia, a capacidade de compreender e partilhar os sentimentos dos outros, é um aspeto fundamental da interação humana. É essencial para criar confiança, promover relações e assegurar uma comunicação eficaz. No contexto da IA, a incorporação da empatia na conceção do sistema é crucial para criar experiências de utilizador significativas e positivas. Este capítulo explora a importância da empatia nas interacções de IA e a forma como pode ser integrada na conceção de IA centrada no ser humano.

Melhorar a experiência do utilizador

A empatia nas interacções com a IA pode melhorar significativamente a experiência do utilizador, tornando a tecnologia mais sensível e recetiva às emoções e necessidades humanas. Os principais aspectos da forma como a empatia melhora a experiência do utilizador incluem

- **Compreender as emoções dos utilizadores**: Os sistemas de IA capazes de reconhecer e responder às emoções do utilizador podem criar interacções mais personalizadas e de apoio. Por exemplo, um assistente de IA empático pode detetar a frustração na voz de um utilizador e ajustar as suas respostas para serem mais úteis e reconfortantes.
- **Criar confiança e empatia**: Os sistemas de IA empáticos fomentam a confiança e o relacionamento com os utilizadores, demonstrando compreensão e preocupação com os seus sentimentos. Esta confiança é crucial para a adoção e utilização contínua de tecnologias de IA em áreas sensíveis como os cuidados de saúde, a terapia e o serviço ao cliente.
- **Melhorar a satisfação do utilizador**: Quando os sistemas de IA respondem de forma empática, é mais provável que os utilizadores se sintam compreendidos e valorizados, o que conduz a níveis mais elevados de satisfação. Isto pode traduzir-se num maior envolvimento e lealdade dos utilizadores.

Conceber para a inteligência emocional

A incorporação da inteligência emocional na conceção da IA implica a criação de sistemas capazes de reconhecer, interpretar e responder adequadamente às emoções humanas. Isto requer capacidades avançadas de processamento de linguagem natural, visão computacional e computação afectiva. Os principais componentes da conceção de uma IA emocionalmente inteligente incluem

- **Reconhecimento de emoções**: Desenvolver algoritmos que possam identificar com exatidão as emoções a partir de vários dados, como voz, expressões faciais e texto. Isto envolve o treino de modelos de IA em diversos conjuntos de dados que representam uma vasta gama de expressões emocionais e contextos culturais.

- **Consciência contextual**: Garantir que os sistemas de IA compreendem o contexto em que as interacções ocorrem é essencial para respostas emocionais adequadas. Isto inclui o reconhecimento de factores situacionais e do historial do utilizador que podem influenciar as emoções.
- **Respostas adaptativas**: Conceber sistemas de IA que possam adaptar as suas respostas com base nas emoções e no contexto detectados. Por exemplo, um terapeuta virtual pode utilizar um tom suave e oferecer conselhos de apoio quando um utilizador manifesta tristeza ou ansiedade.

Empatia em diferentes aplicações de IA

A empatia pode desempenhar um papel transformador em várias aplicações de IA, tornando as interacções mais humanas e eficazes. Algumas aplicações notáveis incluem:

- **Cuidados de saúde e terapia**: Nos cuidados de saúde, os sistemas de IA empáticos podem fornecer apoio emocional aos pacientes, monitorizar a saúde mental e oferecer intervenções terapêuticas. Por exemplo, os chatbots alimentados por IA, como o Woebot, proporcionam terapia cognitivo-comportamental (TCC) através de conversas empáticas com os utilizadores.
- **Serviço ao cliente**: A IA no serviço ao cliente pode beneficiar da empatia, tratando as queixas e os problemas com compreensão e paciência. Os agentes de IA empáticos podem diminuir os conflitos, fornecer soluções personalizadas e aumentar a satisfação geral do cliente.
- **Educação**: Os tutores de IA empáticos podem oferecer experiências de aprendizagem personalizadas, reconhecendo as emoções dos alunos e adaptando os métodos de ensino em conformidade. Isto pode ajudar a resolver problemas como a frustração ou o tédio e promover um ambiente de aprendizagem mais envolvente.
- **Cuidados a idosos**: Os acompanhantes de IA concebidos para os idosos podem proporcionar companhia, monitorizar o bem-estar e ajudar nas tarefas diárias. As interacções empáticas podem ajudar a aliviar a solidão e apoiar a saúde emocional.

Desafios e considerações

A integração da empatia na conceção da IA apresenta vários desafios e considerações:

- **Limitações técnicas**: O desenvolvimento de sistemas de IA capazes de reconhecer e responder com exatidão às emoções é tecnicamente difícil. Garantir a fiabilidade e a precisão dos algoritmos de deteção de emoções é crucial para evitar mal-entendidos e respostas inadequadas.

- **Sensibilidade cultural**: As emoções são expressas e interpretadas de forma diferente consoante as culturas. A conceção de uma IA empática requer uma compreensão profunda das nuances culturais e a capacidade de adaptar as respostas em conformidade.
- **Preocupações éticas**: A utilização de IA empática levanta questões éticas sobre privacidade, consentimento e manipulação. É essencial garantir que os utilizadores estão cientes e consentem que os dados emocionais sejam recolhidos e utilizados. Além disso, a IA empática não deve ser utilizada para manipular as emoções dos utilizadores para fins comerciais ou outros fins de exploração.
- **Equilíbrio entre empatia e eficiência**: Embora a empatia melhore a experiência do utilizador, pode por vezes tornar as interacções mais lentas. Encontrar o equilíbrio certo entre respostas empáticas e conclusão eficiente de tarefas é importante para aplicações práticas de IA.

Melhores práticas para uma conceção de IA empática

Para integrar com êxito a empatia nos sistemas de IA, os programadores devem seguir as melhores práticas que dão prioridade aos princípios de conceção centrados no ser humano. Estas práticas incluem:

- **Conceção centrada no utilizador**: Envolver os utilizadores no processo de conceção através de entrevistas, inquéritos e testes de usabilidade ajuda a garantir que os sistemas de IA satisfazem as suas necessidades emocionais e práticas.
- **Desenvolvimento iterativo**: Testar e aperfeiçoar continuamente os sistemas de IA com base no feedback dos utilizadores permite identificar e corrigir problemas relacionados com a empatia e a experiência do utilizador.
- **Quadros éticos**: A adoção de quadros éticos que orientem o desenvolvimento e a implantação da IA empática garante que estes sistemas sejam utilizados de forma responsável e transparente.
- **Colaboração interdisciplinar**: A colaboração com peritos de áreas como a psicologia, a sociologia e a antropologia pode fornecer informações valiosas sobre as emoções humanas e melhorar a conceção de sistemas de IA empáticos.

Conclusão

A empatia é uma componente vital da conceção da IA centrada no ser humano, melhorando a experiência do utilizador, criando confiança e aumentando a satisfação. Ao desenvolver sistemas de IA capazes de compreender e responder às emoções humanas, podemos criar interacções mais solidárias e humanas. No entanto, a integração da empatia na conceção da IA exige a superação de desafios técnicos, culturais e éticos. Seguindo as melhores práticas e dando prioridade aos princípios centrados no ser humano, os programadores podem criar sistemas de IA empáticos que têm um impacto positivo em várias aplicações, desde os cuidados de saúde ao serviço de apoio ao cliente. O futuro da IA será moldado pela sua capacidade de se ligar aos humanos a um nível emocional, tornando a empatia um elemento essencial na evolução contínua das tecnologias de IA.

Conceber a IA para experiências centradas no utilizador

A conceção centrada no utilizador em IA centra-se na criação de sistemas que dão prioridade às necessidades, preferências e experiências dos utilizadores. Garante que as tecnologias de IA são acessíveis, intuitivas e benéficas, melhorando a interação geral entre humanos e máquinas. Este capítulo analisa os princípios, metodologias e práticas envolvidos na conceção de IA para experiências centradas no utilizador, destacando a importância da empatia, usabilidade, acessibilidade e feedback iterativo.

Princípios da conceção da IA centrada no utilizador

A conceção da IA para experiências centradas no utilizador exige a adesão a vários princípios fundamentais:

- **Empatia**: Compreender e abordar os estados emocionais e cognitivos dos utilizadores. A conceção empática garante que os sistemas de IA respondem adequadamente às necessidades e sentimentos dos utilizadores, criando uma experiência mais envolvente e de apoio.

- **Usabilidade**: Garantir que os sistemas de IA são fáceis de utilizar e compreender. A usabilidade envolve a criação de interfaces intuitivas, instruções claras e interacções reactivas que minimizem a frustração do utilizador e aumentem a sua satisfação.

- **Acessibilidade**: Tornar as tecnologias de IA acessíveis a todos os utilizadores, independentemente das suas capacidades ou antecedentes. Isto inclui a conceção para diversos grupos de utilizadores, tais como pessoas com deficiência, diferentes grupos etários e diferentes níveis de conhecimentos técnicos.

- **Transparência**: Fornecer informações claras sobre o modo como os sistemas de IA funcionam e como utilizam os dados. A transparência gera confiança e permite que os utilizadores tomem decisões informadas sobre as suas interacções com a IA.

- **Feedback e iteração**: Recolher continuamente o feedback dos utilizadores e iterar na conceção com base nesse feedback. Este processo iterativo garante que os sistemas de IA evoluem para melhor satisfazer as necessidades dos utilizadores e resolver quaisquer problemas que surjam.

Metodologias para a conceção de IA centrada no utilizador

Podem ser utilizadas várias metodologias para criar experiências de IA centradas no utilizador:

- **Pesquisa de utilizadores**: Realização de pesquisas para compreender os comportamentos, as necessidades e os pontos fracos dos utilizadores. Técnicas como entrevistas, inquéritos e estudos etnográficos fornecem informações valiosas que informam o processo de conceção.
- **Personas e percursos do utilizador**: Desenvolver personas e mapear os percursos dos utilizadores para visualizar a forma como os diferentes tipos de utilizadores interagem com os sistemas de IA. Isto ajuda a identificar os principais pontos de contacto e a conceber para as necessidades específicas dos utilizadores.
- **Prototipagem e testes**: Criar protótipos de sistemas de IA e testá-los com utilizadores reais. A criação de protótipos permite a deteção precoce de falhas de conceção e problemas de usabilidade, enquanto os testes com utilizadores fornecem feedback sobre o desempenho do sistema em cenários reais.
- **Desenvolvimento ágil**: Adoção de metodologias ágeis para facilitar a iteração rápida e a melhoria contínua. As práticas ágeis, como os sprints e as histórias de utilizadores, mantêm o foco nas necessidades dos utilizadores e permitem ajustes rápidos com base no feedback.

Melhores práticas para conceber uma IA centrada no utilizador

Para garantir que os sistemas de IA são centrados no utilizador, os designers e os programadores devem seguir as melhores práticas que dão prioridade à experiência do utilizador:

- **Envolver os utilizadores desde cedo e com frequência**: Envolver os utilizadores durante todo o processo de conceção e desenvolvimento. O envolvimento precoce ajuda a compreender as necessidades dos utilizadores, enquanto o envolvimento contínuo garante que o sistema se mantém alinhado com as expectativas dos utilizadores.
- **Simplificar as interfaces**: Conceber interfaces simples e intuitivas que sejam fáceis de navegar. Evite sobrecarregar os utilizadores com demasiada informação ou interacções complexas. Utilize uma linguagem clara e pistas visuais para orientar os utilizadores.
- **Personalizar experiências**: Utilizar a IA para criar experiências personalizadas que se adaptam às preferências e comportamentos individuais dos utilizadores. A personalização aumenta a relevância e o envolvimento, tornando as interacções

mais significativas.

- **Garantir a acessibilidade**: Conceber para a acessibilidade, seguindo directrizes como as Directrizes de Acessibilidade para o Conteúdo da Web (WCAG). Tenha em conta as diversas necessidades dos utilizadores, incluindo as das pessoas com deficiência, e ofereça opções para diferentes modos de interação (por exemplo, voz, texto, visual).

- **Fornecer um feedback claro**: Assegurar que os sistemas de IA dão um feedback claro e imediato às acções dos utilizadores. O feedback ajuda os utilizadores a compreender os resultados das suas interacções e reduz a incerteza.

- **Manter a privacidade e a segurança**: Dar prioridade à privacidade do utilizador e à segurança dos dados. Comunicar claramente como os dados do utilizador são recolhidos, utilizados e protegidos. Obter o consentimento informado e fornecer opções para os utilizadores controlarem os seus dados.

Estudos de caso de conceção de IA centrada no utilizador

A análise de exemplos bem sucedidos de conceção de IA centrada no utilizador fornece informações valiosas sobre práticas eficazes:

- **Assistente** Google: o Assistente Google exemplifica o design centrado no utilizador, fornecendo uma interface de conversação intuitiva e reactiva. Utiliza o processamento de linguagem natural para compreender as consultas do utilizador e fornece respostas personalizadas com base nas preferências e no contexto do utilizador.

- **Duolingo**: A aplicação de aprendizagem de línguas Duolingo utiliza IA para criar experiências de aprendizagem personalizadas. Adapta-se aos estilos e progressos individuais de aprendizagem, oferecendo lições personalizadas e feedback que mantêm os utilizadores motivados e empenhados.

- **Seeing AI da Microsoft**: Seeing AI é uma aplicação concebida para utilizadores com deficiência visual. Utiliza a visão por computador para descrever o ambiente, ler texto e identificar pessoas e objectos. O design centrado no utilizador da aplicação centra-se na acessibilidade e na prestação de assistência valiosa aos utilizadores na sua vida quotidiana.

Direcções futuras na conceção de IA centrada no utilizador

O futuro da conceção de IA centrada no utilizador será moldado por várias tendências e tecnologias emergentes:

- **Interacções multimodais**: Os sistemas de IA suportarão cada vez mais interacções multimodais, combinando entradas de voz, texto, visuais e gestos para criar experiências de utilizador mais naturais e flexíveis.

- **IA sensível às emoções**: Os avanços na computação afectiva permitirão aos sistemas de IA reconhecer e responder melhor às emoções dos utilizadores, criando interacções mais empáticas e solidárias.
- **IA explicável (XAI)**: O desenvolvimento de sistemas de IA capazes de explicar as suas decisões e acções em termos compreensíveis aumentará a transparência e a confiança. Os utilizadores poderão compreender e contestar o comportamento da IA, o que conduzirá a uma maior capacitação dos utilizadores .
- **Colaboração homem-IA**: Os sistemas de IA serão concebidos para trabalhar em conjunto com os seres humanos, aumentando as suas capacidades em vez de os substituir. Esta colaboração centrar-se-á no aproveitamento dos pontos fortes dos seres humanos e da IA para alcançar melhores resultados.
- **Conceção ética e inclusiva**: À medida que aumenta a consciencialização do impacto social da IA, haverá uma maior ênfase na conceção de sistemas de IA éticos e inclusivos. Isto implica abordar questões como a parcialidade, a justiça e a acessibilidade para garantir que a IA beneficia todos os segmentos da sociedade.

Conclusão

Conceber a IA para experiências centradas no utilizador é essencial para criar sistemas que sejam não só funcionais, mas também envolventes, fiáveis e benéficos para os utilizadores. Ao dar prioridade à empatia, à usabilidade, à acessibilidade, à transparência e ao feedback contínuo, os designers e os programadores podem criar tecnologias de IA que melhoram verdadeiramente as experiências humanas. À medida que a IA continua a evoluir, manter um foco centrado no utilizador será crucial para garantir que estas tecnologias satisfazem as diversas necessidades da sociedade e contribuem positivamente para as nossas vidas.

A IA nos cuidados de saúde, na educação e noutros domínios com grande intensidade humana

A Inteligência Artificial (IA) tem o potencial de revolucionar os domínios com grande intensidade humana, como os cuidados de saúde, a educação e vários sectores de serviços. Ao automatizar tarefas, proporcionar experiências personalizadas e melhorar a tomada de decisões, a IA pode melhorar significativamente a eficiência, a precisão e os resultados. Este capítulo explora o impacto transformador da IA nestes domínios, descrevendo em pormenor aplicações específicas, benefícios, desafios e perspectivas futuras.

IA nos cuidados de saúde

Aplicações e benefícios

1. **Diagnóstico e imagiologia**: Os algoritmos de IA podem analisar imagens médicas com elevada precisão, ajudando os radiologistas a detetar doenças como tumores, fracturas e outras anomalias. Ferramentas como o DeepMind da Google e o IBM Watson Health demonstraram um desempenho superior no diagnóstico de doenças a partir de imagens médicas e dados de pacientes.

2. **Análise preditiva**: A IA pode prever surtos de doenças, a deterioração dos doentes e os resultados dos tratamentos através da análise de grandes conjuntos de dados. Os modelos preditivos ajudam na intervenção precoce, melhorando os resultados dos doentes e reduzindo os custos dos cuidados de saúde.

3. **Medicina personalizada**: A IA permite a personalização de planos de tratamento com base em perfis genéticos individuais, estilo de vida e outros factores. Por exemplo, as plataformas baseadas em IA podem recomendar terapias personalizadas contra o cancro, aumentando a eficácia dos tratamentos.

4. **Assistentes de saúde virtuais**: Os chatbots e assistentes virtuais alimentados por IA fornecem aos pacientes apoio 24 horas por dia, 7 dias por semana, oferecendo aconselhamento médico, marcação de consultas e lembretes de medicação. Os exemplos incluem aplicações como a Ada e a Babylon Health, que fornecem verificações de sintomas e monitorização da saúde.

5. **Cirurgia robótica**: Os sistemas robóticos assistidos por IA melhoram a precisão e o controlo dos cirurgiões durante procedimentos complexos. Robôs como o Sistema Cirúrgico da Vinci permitem cirurgias minimamente invasivas, reduzindo os tempos de recuperação e melhorando os resultados cirúrgicos.

Desafios e considerações

1. **Privacidade e segurança dos dados**: Garantir a confidencialidade e a segurança dos dados dos pacientes é fundamental. Os sistemas de IA devem estar em conformidade com regulamentos como o HIPAA nos EUA e o GDPR na Europa para proteger as informações dos pacientes.

2. **Preconceito e equidade**: Os algoritmos de IA podem herdar enviesamentos dos dados de treino, conduzindo a disparidades nos resultados dos cuidados de saúde. É fundamental desenvolver métodos para identificar e atenuar os enviesamentos nos modelos de IA.

3. **Conformidade regulamentar**: A IA nos cuidados de saúde tem de cumprir normas regulamentares rigorosas para garantir a segurança e a eficácia. A obtenção de aprovação regulamentar para dispositivos médicos e tratamentos

baseados em IA pode ser complexa e demorada.

4. **Integração com sistemas existentes**: A integração de soluções de IA com a infraestrutura de cuidados de saúde existente, como os registos de saúde electrónicos (EHR), pode ser um desafio. A interoperabilidade e a integração perfeita são essenciais para uma adoção generalizada.

IA na educação

Aplicações e benefícios

1. **Aprendizagem personalizada**: As plataformas baseadas em IA podem adaptar o conteúdo educacional às necessidades individuais dos alunos, aos estilos de aprendizagem e ao progresso. Sistemas como o Knewton e o DreamBox adaptam as aulas em tempo real, fornecendo apoio personalizado para melhorar os resultados da aprendizagem.
2. **Sistemas de tutoria inteligentes**: Os tutores de IA oferecem instrução individualizada, ajudando os alunos a compreender conceitos complexos e fornecendo feedback imediato. Estes sistemas podem identificar áreas em que os alunos têm dificuldades e ajustar a instrução em conformidade.
3. **Classificação automatizada**: A IA pode classificar trabalhos e exames, fornecendo feedback atempado aos alunos e reduzindo a carga de trabalho dos educadores. Os sistemas de classificação automatizados utilizam o processamento de linguagem natural e a aprendizagem automática para avaliar com exatidão as respostas escritas.
4. **Salas de aula virtuais e assistentes**: As salas de aula virtuais alimentadas por IA facilitam a aprendizagem à distância, proporcionando experiências educativas interactivas e envolventes. Os assistentes virtuais, como os chatbots, ajudam os estudantes com tarefas administrativas e questões académicas.
5. **Análise da aprendizagem**: A IA analisa os dados dos alunos para fornecer informações sobre padrões de aprendizagem, identificar alunos em risco e recomendar intervenções. Os educadores podem utilizar estas informações para melhorar as estratégias de ensino e o apoio aos alunos.

Desafios e considerações

1. **Equidade e acesso**: É essencial garantir que as ferramentas educativas baseadas na IA sejam acessíveis a todos os alunos, independentemente do seu contexto socioeconómico. Colmatar o fosso digital e proporcionar igualdade de acesso à tecnologia é um desafio significativo.
2. **Privacidade dos dados**: A proteção dos dados dos alunos é fundamental,

especialmente quando se utiliza a IA para analisar os comportamentos e o desempenho da aprendizagem. As escolas e os desenvolvedores devem cumprir regulamentos como a FERPA nos EUA para proteger as informações dos alunos.

3. **Qualidade e fiabilidade**: É fundamental garantir a exatidão e a fiabilidade dos conteúdos e das avaliações educativas baseados na IA. O controlo e a validação contínuos dos sistemas de IA são necessários para manter os padrões educativos.

4. **Formação e apoio aos professores**: Os educadores precisam de formação e apoio para integrar eficazmente as ferramentas de IA nas suas práticas de ensino. Os programas de desenvolvimento profissional podem ajudar os professores a aproveitar o potencial da IA na educação.

A IA noutros domínios com grande intensidade humana

Serviço ao cliente

1. **Chatbots e assistentes virtuais**: Os chatbots alimentados por IA tratam das questões dos clientes, fornecem informações sobre produtos e resolvem problemas, melhorando os tempos de resposta e a satisfação dos clientes. Os exemplos incluem o Siri da Apple, o Alexa da Amazon e os bots de serviço ao cliente utilizados por empresas como o Bank of America (Erica).

2. **Análise de sentimentos**: A IA analisa o feedback dos clientes e as interacções nas redes sociais para avaliar o sentimento e identificar áreas de melhoria. Isto ajuda as empresas a compreender as emoções dos clientes e a adaptar os seus serviços em conformidade.

3. **Recomendações personalizadas**: Os algoritmos de IA fornecem recomendações personalizadas de produtos e serviços com base nas preferências e no comportamento do cliente. Isto melhora a experiência de compra e impulsiona as vendas em plataformas de comércio eletrónico como a Amazon e a Netflix.

Recursos Humanos

1. **Recrutamento e contratação**: A IA simplifica o processo de recrutamento através da triagem de currículos, da avaliação da adequação dos candidatos e da realização de entrevistas iniciais. Ferramentas como a HireVue e a Pymetrics utilizam a IA para avaliar as competências e o potencial dos candidatos.

2. **Envolvimento dos colaboradores**: A IA monitoriza o envolvimento e a satisfação dos colaboradores através da análise de sentimentos das comunicações e do feedback. Isto ajuda os departamentos de RH a resolver problemas de forma proactiva e a melhorar a cultura do local de trabalho.

3. **Gestão do desempenho**: Os sistemas de gestão do desempenho baseados em IA

fornecem feedback em tempo real e planos de desenvolvimento personalizados, ajudando os funcionários a atingir os seus objectivos e a aumentar a produtividade.

Finanças

1. **Deteção de fraudes**: A IA detecta transacções fraudulentas através da análise de padrões e anomalias em dados financeiros. Sistemas como os utilizados pelo PayPal e pela Mastercard aumentam a segurança e reduzem a fraude financeira.

2. **Negociação algorítmica**: Os algoritmos de negociação baseados em IA analisam os dados do mercado e executam transacções a alta velocidade, optimizando as estratégias de investimento e melhorando os retornos.

3. **Serviço ao cliente**: Os chatbots de IA e os assistentes virtuais tratam das questões dos clientes, prestam aconselhamento financeiro e ajudam nas transacções, melhorando a experiência do cliente nos serviços bancários e financeiros.

Perspectivas futuras

O futuro da IA em domínios com grande intensidade humana encerra um imenso potencial para novos avanços e inovações. As principais tendências incluem:

1. **Interatividade melhorada**: Os sistemas de IA tornar-se-ão mais interactivos e capazes de participar em conversas naturais, semelhantes às humanas, melhorando as experiências dos utilizadores em vários domínios.

2. **Maior precisão e eficiência**: Os avanços contínuos nos algoritmos de IA e na capacidade de computação conduzirão a sistemas de IA mais precisos e eficientes, melhorando ainda mais as suas capacidades e aplicações.

3. **IA ética e justa**: À medida que a sensibilização para as questões éticas aumenta, haverá uma maior concentração no desenvolvimento de sistemas de IA justos, imparciais e transparentes que dêem prioridade ao bem-estar do utilizador e ao bem da sociedade.

4. **Adoção generalizada**: A IA será cada vez mais integrada na vida quotidiana, transformando a forma como trabalhamos, aprendemos e interagimos com a tecnologia. A colaboração entre a IA e os profissionais humanos tornar-se-á a norma, impulsionando a inovação e melhorando os resultados em todos os domínios com grande intensidade humana.

Conclusão

A IA está a transformar áreas com grande intensidade humana, como os cuidados de saúde, a educação, o serviço ao cliente, os recursos humanos e as finanças, oferecendo benefícios significativos em termos de eficiência, personalização e tomada de decisões. No entanto, os desafios relacionados com a privacidade, a parcialidade, a equidade e a integração têm de ser abordados para concretizar plenamente o potencial da IA. Ao dar prioridade aos princípios de design centrados no utilizador e às considerações éticas, a IA pode melhorar as experiências humanas e impulsionar mudanças positivas nestas áreas críticas. À medida que a tecnologia de IA continua a evoluir, o seu impacto na sociedade irá aumentar, criando novas oportunidades e desafios que devem ser enfrentados com cuidado e previsão.

Histórias de IA que têm um impacto positivo na vida das pessoas

Introdução

A IA tem o potencial de aumentar significativamente o bem-estar humano, melhorar a qualidade de vida e resolver desafios globais prementes. Este capítulo explora histórias inspiradoras de IA que têm um impacto positivo na vida das pessoas em vários domínios, demonstrando o poder transformador desta tecnologia.

Cuidados de saúde: Deteção precoce e tratamento personalizado

Deteção precoce do cancro com IA

A IA tem feito progressos notáveis na deteção precoce de doenças, em especial do cancro. Um exemplo notável é a utilização da IA na mamografia para a deteção do cancro da mama. Os investigadores desenvolveram algoritmos de IA que podem analisar imagens de mamografia com maior precisão do que os radiologistas humanos. Por exemplo, a DeepMind da Google criou um modelo de IA que reduziu os falsos positivos e os falsos negativos nos rastreios do cancro da mama, conduzindo a diagnósticos mais precoces e mais precisos.

Medicina personalizada com IA

A IA está a revolucionar a medicina personalizada, adaptando os tratamentos a cada paciente com base na sua composição genética, estilo de vida e outros factores. Um exemplo convincente é o trabalho da Tempus, uma empresa de tecnologia que utiliza a IA para analisar dados clínicos e moleculares para fornecer recomendações personalizadas de tratamento do cancro. Ao fazer corresponder os doentes às terapias mais eficazes, a Tempus melhora os resultados do tratamento e reduz a abordagem de tentativa e erro frequentemente observada no tratamento do cancro.

Educação: Melhorar a aprendizagem e a acessibilidade

Plataformas de aprendizagem personalizada

As plataformas de aprendizagem personalizada baseadas em IA estão a transformar a educação, adaptando-se às necessidades únicas de cada aluno. O Duolingo, uma aplicação popular de aprendizagem de línguas, utiliza a IA para criar lições personalizadas com base no progresso do aluno e nas áreas de dificuldade. Esta abordagem personalizada ajuda os utilizadores a manterem-se motivados e melhora as suas taxas de aquisição de línguas. Além disso, sistemas como o Knewton e o DreamBox proporcionam experiências de aprendizagem adaptativas em disciplinas como a matemática, adaptando-se a estilos e ritmos de aprendizagem individuais.

IA para estudantes com deficiência

A IA está a tornar a educação mais acessível para os estudantes com deficiência. A aplicação Seeing AI da Microsoft, concebida para utilizadores com deficiência visual, utiliza a visão por computador para descrever o ambiente, ler texto e reconhecer pessoas. Isto permite que os alunos com deficiência visual naveguem no seu ambiente e acedam a materiais educativos de forma independente. Da mesma forma, a tecnologia de reconhecimento de voz baseada em IA ajuda os alunos com deficiências auditivas, fornecendo legendas em tempo real para o conteúdo falado, garantindo que podem participar plenamente nas actividades da sala de aula.

Acessibilidade e inclusão: Quebrar barreiras

Comunicação com base em IA para pessoas com deficiência

A IA está a quebrar as barreiras de comunicação para as pessoas com deficiência. Por exemplo, o dispositivo EyeControl utiliza a IA para ajudar as pessoas com doenças como a ELA (Esclerose Lateral Amiotrófica) a comunicar. O dispositivo monitoriza os movimentos oculares e traduz-os em discurso através de uma aplicação conectada, permitindo aos utilizadores expressar os seus pensamentos e necessidades apesar das suas limitações físicas. Esta tecnologia melhora significativamente a sua qualidade de vida e permite uma maior independência.

IA na resposta a catástrofes

A IA está também a desempenhar um papel crucial na resposta e gestão de catástrofes. As Nações Unidas utilizaram a IA para analisar imagens de satélite e prever o impacto de catástrofes naturais como inundações e terramotos. Esta informação ajuda as equipas de emergência a utilizar os recursos de forma mais eficaz e a salvar vidas. Plataformas orientadas para a IA, como a One Concern, utilizam a aprendizagem automática para modelar cenários de catástrofe e fornecer informações em tempo real a governos e organizações, melhorando os esforços de preparação e resposta.

Serviço ao cliente: Melhorar as experiências e a acessibilidade

Assistentes virtuais para idosos

Os assistentes virtuais alimentados por IA estão a prestar um apoio crucial aos idosos, ajudando-os a manter a sua independência e a melhorar a sua qualidade de vida. ElliQ, um robô de companhia com IA, participa em conversas, lembra os utilizadores de tomarem os seus medicamentos e ajuda-os a manterem-se ligados à família e aos amigos. O design empático e as capacidades interactivas do ElliQ combatem a solidão e proporcionam estimulação cognitiva, melhorando o bem-estar dos idosos.

Melhorar as experiências dos clientes

A IA está a transformar o serviço ao cliente, fornecendo um apoio personalizado e eficiente. Por exemplo, a assistente virtual do Bank of America, Erica, utiliza a IA para ajudar os clientes a gerir as suas finanças, responder a questões e fornecer aconselhamento financeiro personalizado. Isto melhora a experiência do cliente, oferecendo apoio atempado e relevante, reduzindo os tempos de espera e aumentando a satisfação.

Impacto ambiental: Promover a sustentabilidade

IA para a conservação

A IA está a ajudar nos esforços de conservação, monitorizando e protegendo espécies em perigo. A organização Wildbook utiliza a IA para analisar fotografias e vídeos de armadilhas fotográficas, identificando animais individuais e acompanhando os seus movimentos. Estes dados ajudam os conservacionistas a compreender o comportamento dos animais, a avaliar a saúde das populações e a combater a caça furtiva. Do mesmo modo, os drones com IA são utilizados para monitorizar e proteger os habitats da vida selvagem, assegurando práticas de conservação sustentáveis.

Agricultura sustentável

A IA está a promover a agricultura sustentável, optimizando as práticas agrícolas e reduzindo o impacto ambiental. As plataformas de agricultura de precisão, como o Climate FieldView, utilizam a IA para analisar dados meteorológicos, condições do solo e saúde das culturas. Esta informação ajuda os agricultores a tomar decisões baseadas em dados sobre a plantação, irrigação e fertilização, melhorando o rendimento das culturas e reduzindo a utilização de recursos. A robótica e a automação baseadas em IA também simplificam as tarefas de trabalho intensivo, aumentando a eficiência e a sustentabilidade na agricultura.

Inclusão financeira: Capacitar os particulares e as pequenas empresas

Microfinanciamento e avaliação de crédito

A IA está a melhorar a inclusão financeira, fornecendo serviços de microfinanciamento e de avaliação de crédito a populações carenciadas. Empresas como a Tala utilizam a IA para analisar dados de smartphones e avaliar a capacidade de crédito, oferecendo pequenos empréstimos a indivíduos sem historial de crédito tradicional. Isto permite que as pessoas nos países em desenvolvimento criem empresas, invistam na educação e melhorem a sua estabilidade económica.

Gestão financeira para pequenas empresas

As ferramentas de gestão financeira baseadas em IA estão a ajudar as pequenas empresas a simplificar as operações e a tomar decisões informadas. Plataformas como o QuickBooks utilizam a IA para automatizar a contabilidade, analisar dados financeiros e fornecer informações sobre o fluxo de caixa e a rentabilidade. Isto permite que os proprietários de pequenas empresas se concentrem no crescimento e na inovação, contribuindo para o desenvolvimento económico.

Perspectivas futuras: IA para o bem social

As histórias de IA que têm um impacto positivo na vida das pessoas realçam o imenso potencial desta tecnologia para enfrentar os desafios globais e melhorar o bem-estar humano. Os futuros avanços na IA continuarão provavelmente a impulsionar o bem social, com aplicações emergentes em áreas como:

1. **Cuidados de saúde**: A IA irá melhorar ainda mais a medicina personalizada, a deteção precoce de doenças e a telemedicina, tornando os cuidados de saúde mais acessíveis e eficazes.
2. **Educação**: A IA continuará a melhorar a aprendizagem personalizada, a acessibilidade e as oportunidades de aprendizagem ao longo da vida, permitindo que os indivíduos atinjam o seu pleno potencial.
3. **Sustentabilidade ambiental**: A IA desempenhará um papel crucial na atenuação das alterações climáticas, na gestão dos recursos e na conservação da biodiversidade, promovendo um futuro mais sustentável.
4. **Inclusão económica**: A IA reforçará a inclusão financeira, a criação de emprego e o desenvolvimento económico, em especial nas regiões mal servidas.

Conclusão

A IA já teve um impacto positivo significativo na vida das pessoas em vários domínios, desde os cuidados de saúde e a educação até à acessibilidade e à sustentabilidade ambiental. Estas histórias inspiradoras demonstram o poder transformador da IA para enfrentar desafios globais prementes e melhorar a qualidade de vida. À medida que a tecnologia de IA continua a evoluir, o seu potencial para o bem social só irá aumentar, oferecendo novas oportunidades para criar um mundo melhor, mais inclusivo e sustentável. Ao dar prioridade às considerações éticas, à conceção centrada no utilizador e ao acesso equitativo, podemos aproveitar todo o potencial da IA para impulsionar mudanças positivas e melhorar o bem-estar humano.

Capítulo 5: A colaboração e o futuro da IA

Introdução

O futuro do trabalho é cada vez mais definido pela colaboração entre os seres humanos e a inteligência artificial (IA). Este capítulo explora a sinergia em evolução entre os seres humanos e a IA em vários ambientes de trabalho, destacando os benefícios, os desafios e as perspectivas futuras desta colaboração.

A sinergia entre os seres humanos e a IA

Pontos fortes complementares

1. **O poder analítico da IA**: A IA é excelente no processamento e análise de grandes volumes de dados a alta velocidade, descobrindo padrões e gerando conhecimentos que os humanos podem ignorar. Esta capacidade melhora os processos de tomada de decisão em todos os sectores, desde as finanças e os cuidados de saúde até ao marketing e à logística.

2. **Criatividade e julgamento humano**: Os seres humanos trazem criatividade, intuição e julgamento ético para os processos de tomada de decisão. São capazes de contextualizar a informação, considerar as implicações éticas e tomar decisões com base em factores sociais e emocionais complexos.

Aplicações em diferentes sectores

1. **Cuidados de saúde**: A IA ajuda os profissionais de saúde a diagnosticar doenças, a personalizar planos de tratamento e a gerir os dados dos pacientes. Por exemplo, os algoritmos de IA analisam imagens médicas para deteção precoce de doenças e recomendam terapias personalizadas com base em perfis genéticos.

2. **Finanças**: A IA optimiza as operações financeiras através de negociação algorítmica, deteção de fraudes e serviços bancários personalizados. A análise baseada em IA fornece informações sobre tendências de mercado, comportamento do cliente e oportunidades de investimento, capacitando as instituições financeiras a tomar decisões baseadas em dados.

3. **Serviço ao cliente**: Os chatbots e assistentes virtuais com IA tratam dos pedidos de informação dos clientes, simplificam os processos de apoio e personalizam as interacções com os clientes. Os agentes humanos colaboram com a IA para resolver problemas complexos e melhorar a qualidade geral do serviço.

4. **Fabrico e logística**: A IA aumenta a eficiência dos processos de fabrico, optimizando os calendários de produção, prevendo as necessidades de manutenção e gerindo as cadeias de abastecimento. Os robôs e os veículos autónomos colaboram com os trabalhadores humanos para realizar tarefas

repetitivas e melhorar a segurança no local de trabalho.

Reforçar a criatividade e a inovação

1. **Indústrias criativas**: As ferramentas de IA apoiam a criatividade em domínios como a arte, o design e a criação de conteúdos. Por exemplo, a arte e a música geradas por IA inspiram novas formas de expressão artística, enquanto ferramentas de design como o Adobe Sensei automatizam tarefas repetitivas, permitindo que os designers se concentrem na criatividade.

2. **Ecossistemas de inovação**: A IA promove a inovação ao acelerar os processos de investigação e desenvolvimento. As simulações e a modelação preditiva baseadas em IA permitem aos cientistas explorar novas hipóteses, conceber novos materiais e descobrir potenciais candidatos a medicamentos de forma mais eficiente.

Desafios e considerações

Implicações éticas e sociais

1. **Preconceito e equidade**: Os algoritmos de IA podem perpetuar preconceitos presentes nos dados de treino, levando a resultados injustos na contratação, empréstimos e justiça criminal. A atenuação dos preconceitos requer uma conceção transparente da IA, conjuntos de dados de formação diversificados e uma monitorização contínua.

2. **Privacidade e segurança**: Os sistemas de IA recolhem e analisam grandes quantidades de dados pessoais, levantando preocupações sobre violações de privacidade e utilização não autorizada. A implementação de medidas robustas de proteção de dados e o cumprimento dos regulamentos (por exemplo, o RGPD) são essenciais para salvaguardar a privacidade.

Adaptação da mão de obra e desenvolvimento de competências

1. **Requalificação e atualização de competências**: A integração da IA no local de trabalho exige iniciativas de requalificação e atualização de competências da força de trabalho. Os trabalhadores precisam de formação em literacia de dados, ferramentas de IA e competências digitais para colaborar eficazmente com a IA e permanecerem competitivos no mercado de trabalho.

2. **Deslocação de empregos vs. Criação de empregos**: Embora a IA automatize tarefas de rotina, também cria novas oportunidades de emprego no desenvolvimento de IA, análise de dados e funções de colaboração entre humanos e IA. As organizações devem gerenciar proativamente as transições da força de trabalho e apoiar os trabalhadores deslocados.

Perspectivas futuras e imperativos estratégicos

Avançar na colaboração entre humanos e IA

1. **Conceção da IA centrada no ser humano**: A conceção de sistemas de IA que dão prioridade às necessidades dos utilizadores, às considerações éticas e à transparência aumenta a confiança e a aceitação. A IA centrada no ser humano incentiva a tomada de decisões em colaboração e apoia o trabalho de equipa entre humanos e IA.

2. **Quadros regulamentares**: O desenvolvimento de políticas e regulamentos que regem a implantação da IA e garantem a responsabilidade é crucial. Os quadros regulamentares promovem a utilização responsável da IA, protegem os direitos dos consumidores e abordam as preocupações da sociedade.

Tendências e inovações emergentes

1. **Assistentes com tecnologia de IA**: Os assistentes virtuais avançados e os gémeos digitais apoiam a tomada de decisões humanas através da simulação de cenários, da previsão de resultados e da recomendação de acções óptimas.

2. **Computação de ponta e IA**: a IA de ponta melhora o processamento de dados em tempo real e a tomada de decisões na ponta da rede, permitindo que os sistemas autónomos e os dispositivos IoT funcionem com uma latência mínima.

Conclusão

A sinergia entre humanos e IA no local de trabalho representa uma mudança transformadora para a inteligência colaborativa, em que a IA melhora as capacidades humanas e vice-versa. Ao tirar partido do poder analítico da IA e da criatividade humana, as organizações podem impulsionar a inovação, melhorar a tomada de decisões e aumentar a produtividade. No entanto, a abordagem dos desafios éticos, a promoção da adaptação da força de trabalho e a adoção de uma conceção de IA centrada no ser humano são essenciais para a concretização de todo o potencial da colaboração entre o ser humano e a IA. À medida que a tecnologia de IA continua a evoluir, os investimentos estratégicos no desenvolvimento de competências, os quadros regulamentares e as directrizes éticas moldarão um futuro em que os seres humanos e a IA colaboram harmoniosamente para alcançar objectivos partilhados e criar um impacto social positivo.

Aptidões e competências para prosperar num mundo impulsionado pela IA

Introdução

O advento da inteligência artificial (IA) está a remodelar as indústrias, as economias e as sociedades, exigindo uma mudança nas aptidões e competências necessárias para o sucesso na força de trabalho. Este capítulo explora as aptidões e competências essenciais de que os indivíduos necessitam para prosperar num mundo orientado para a IA, centrando-se nas capacidades técnicas e não técnicas.

Competências técnicas

1. Literacia de dados

- **Definição**: Compreender e interpretar dados para tomar decisões informadas e resolver problemas de forma eficaz.
- **Importância**: Num mundo orientado para a IA, os dados são a base dos modelos e algoritmos de IA. Os indivíduos precisam de ser proficientes na análise de dados, interpretação de dados e visualização de dados para obter insights e impulsionar a tomada de decisões.

2. Competências de programação e codificação

- **Definição**: Proficiência em linguagens de programação como Python, R, Java e SQL.
- **Importância**: As competências de programação são essenciais para desenvolver e implementar algoritmos de IA, criar aplicações de IA e integrar sistemas de IA nas infra-estruturas existentes.

3. Aprendizagem automática e IA

- **Definição**: Compreender os algoritmos de aprendizagem automática, as redes neuronais, a aprendizagem profunda e as técnicas de IA.
- **Importância**: O conhecimento da aprendizagem automática e da IA permite aos indivíduos conceber, treinar e otimizar modelos de IA. É crucial para o desenvolvimento de soluções baseadas em IA em vários domínios, desde os cuidados de saúde e finanças até ao marketing e fabrico.

4. Gestão de grandes volumes de dados

- **Definição**: Competências em matéria de recolha, armazenamento, processamento e análise de grandes conjuntos de dados.
- **Importância**: A gestão de grandes volumes de dados é fundamental para as aplicações de IA que dependem de grandes quantidades de dados. A proficiência em ferramentas como Hadoop, Spark e plataformas de dados baseadas em nuvem permite o processamento e a análise eficientes de dados.

Competências não técnicas

1. **Pensamento crítico e resolução de problemas**

   - **Definição**: Competências analíticas para avaliar a informação, identificar padrões e resolver problemas complexos.

   - **Importância**: O pensamento crítico é essencial para interpretar as informações geradas pela IA, avaliar as recomendações da IA e tomar decisões estratégicas com base em análises baseadas em dados.

2. **Criatividade e inovação**

   - **Definição**: Capacidade de gerar novas ideias, abordagens e soluções.

   - **Importância**: Embora a IA se destaque na análise de dados e no reconhecimento de padrões, a criatividade humana impulsiona a inovação. O pensamento criativo é essencial para desenvolver novas aplicações de IA, conceber soluções centradas no utilizador e resolver novos desafios.

3. **Consciência ética e social**

   - **Definição**: Compreender as implicações éticas das tecnologias de IA e o seu impacto na sociedade.

   - **Importância**: À medida que a IA se torna mais difundida, os indivíduos devem considerar os dilemas éticos, os preconceitos nos algoritmos de IA, as preocupações com a privacidade e as implicações sociais. A consciência ética orienta o desenvolvimento e a implantação responsáveis da IA.

4. **Adaptabilidade e aprendizagem contínua**

   - **Definição**: Vontade e capacidade de adaptação a novas tecnologias, funções e desafios.

   - **Importância**: Num cenário de IA em rápida evolução, a adaptabilidade é fundamental para navegar pelas mudanças nas funções profissionais, nas tendências do sector e nos avanços tecnológicos. A aprendizagem contínua garante que os indivíduos permaneçam competitivos e relevantes.

Competências interpessoais e de colaboração

1. **Competências de comunicação**

   - **Definição**: Comunicação clara e eficaz, tanto verbal como escrita.

   - **Importância**: Fortes competências de comunicação facilitam a colaboração com equipas multidisciplinares, partes interessadas e especialistas em IA. Comunicar os conhecimentos e as recomendações de IA a audiências não técnicas é essencial para impulsionar a mudança organizacional.

2. **Trabalho de equipa e colaboração**

- **Definição**: Capacidade de trabalhar eficazmente em equipas e em ambientes multifuncionais.

- **Importância**: Os projectos de IA requerem frequentemente a colaboração entre cientistas de dados, engenheiros, especialistas no domínio e líderes empresariais. As competências de trabalho em equipa permitem que os indivíduos contribuam para as iniciativas de IA, partilhem conhecimentos e atinjam objectivos colectivos.

3. **Liderança e influência**

- **Definição**: Capacidade para inspirar e orientar os outros, influenciar a tomada de decisões e promover a mudança.

- **Importância**: A liderança eficaz é fundamental para a implementação da estratégia de IA, a promoção da inovação e a gestão de projectos de IA. As competências de liderança permitem que os indivíduos defendam práticas éticas de IA, motivem as equipas e enfrentem os desafios organizacionais.

Tendências futuras e estratégias de adaptação

1. **Tecnologias emergentes**

- **Definição**: Conhecimento e compreensão das tecnologias emergentes que estão a moldar o futuro da IA, como a computação quântica, a IA de ponta e a ética da IA.

- **Importância**: Manter-se informado sobre os avanços tecnológicos ajuda as pessoas a antecipar as perturbações do sector, a inovar com novas tecnologias e a adaptar-se a cenários de IA em evolução.

2. **Desenvolvimento contínuo de competências**

- **Definição**: Empenho na aprendizagem ao longo da vida, na melhoria de competências e na requalificação profissional.

- **Importância**: O ritmo da mudança tecnológica exige que os indivíduos actualizem continuamente as suas competências, se mantenham a par das tendências da indústria e obtenham certificações ou programas de formação em disciplinas relacionadas com a IA.

Conclusão

Prosperar num mundo orientado para a IA requer uma mistura de conhecimentos técnicos, pensamento crítico, criatividade e competências interpessoais. Ao cultivar um conjunto diversificado de competências que abrangem a literacia de dados, a programação, a resolução de problemas, a ética e a colaboração, os indivíduos podem aproveitar o potencial transformador da IA. A adoção de uma aprendizagem contínua e a adaptação aos avanços tecnológicos permitirão aos indivíduos navegar nas transições de carreira, contribuir para a inovação impulsionada pela IA e moldar um futuro em que os seres humanos e a IA colaborem eficazmente para resolver desafios complexos e ter um impacto social positivo.

Construir um ecossistema de IA colaborativo

Introdução

O sucesso das iniciativas de inteligência artificial (IA) depende da promoção de um ecossistema colaborativo em que as partes interessadas, incluindo empresas, governos, investigadores e a comunidade, trabalhem em conjunto para desenvolver, implementar e regular as tecnologias de IA de forma responsável. Este capítulo explora os principais componentes e estratégias para a construção de um ecossistema de IA colaborativo, destacando os benefícios, desafios e melhores práticas.

Partes interessadas no ecossistema de IA

1. **Empresas e líderes do sector**
   - **Função**: Promover a inovação da IA, desenvolver soluções de IA e integrar a IA nas operações comerciais.
   - **Contribuição**: Investir na investigação e desenvolvimento da IA, colaborar com o meio académico e adotar tecnologias de IA para aumentar a competitividade e a eficiência.
2. **Instituições académicas e de investigação**
   - **Funções**: Realizar investigação fundamental, desenvolver algoritmos e técnicas de IA e formar futuros profissionais de IA.
   - **Contributo**: Publicar resultados de investigação, colaborar com a indústria em projectos de IA e formar estudantes em disciplinas relacionadas com a IA.
3. **Organismos governamentais e reguladores**
   - **Função**: Estabelecer políticas, regulamentos e directrizes éticas em matéria de IA para garantir o desenvolvimento e a implantação responsáveis da IA.

- **Contributo**: Promover o financiamento da investigação em IA, apoiar iniciativas de educação em IA e abordar os impactos sociais das tecnologias de IA, como a privacidade e os preconceitos.

4. **Programadores e tecnólogos de IA**

- **Função**: Conceber e implementar algoritmos de IA, desenvolver aplicações de IA e otimizar sistemas de IA.
- **Contribuição**: Partilhar conhecimentos, colaborar em projectos de IA de fonte aberta e aderir a princípios éticos no desenvolvimento da IA.

5. **Comunidade e utilizadores finais**

- **Função**: Dar feedback sobre aplicações de IA, experiências do utilizador e implicações sociais das tecnologias de IA.
- **Contribuição**: Defender a transparência da IA, os direitos de privacidade e uma conceção inclusiva da IA que beneficie diversos grupos de utilizadores.

Principais componentes de um ecossistema de IA colaborativo

1. **Plataformas de colaboração abertas**

- **Definição**: Plataformas que facilitam a partilha de conhecimentos, a colaboração e a co-criação de soluções de IA.
- **Exemplo**: A plataforma da OpenAI para a partilha de investigação e modelos de IA, promovendo a colaboração entre investigadores e programadores de todo o mundo.

2. **Acesso e partilha de dados**

- **Definição**: Acesso a conjuntos de dados diversificados e de alta qualidade para treinar modelos de IA.
- **Iniciativas**: Colaborações de dados em que as organizações partilham dados anónimos para fins de investigação, garantindo a privacidade e a segurança dos dados.

3. **Directrizes e normas éticas da IA**

- **Definição**: Princípios e quadros que orientam o desenvolvimento e a implantação responsáveis da IA.
- **Iniciativas**: Desenvolvimento de directrizes éticas para a IA por organizações como o IEEE e parcerias para implementar práticas éticas de IA em todos os sectores.

4. **Educação e desenvolvimento de competências**

- **Definição**: Programas de formação e iniciativas para desenvolver a literacia e as competências em matéria de IA entre os profissionais e a comunidade em geral.
- **Iniciativas**: Cursos de formação em IA, workshops e certificações oferecidos por universidades, plataformas online e associações do sector.

5. **Quadros regulamentares**

- **Definição**: Políticas e regulamentos que regem a investigação, a implantação e a utilização da IA para garantir a segurança, a equidade e a responsabilidade.
- **Iniciativas**: Criação de organismos reguladores da IA, desenvolvimento de avaliações de impacto da IA e implementação de leis de proteção de dados (por exemplo, o RGPD).

Desafios e considerações

1. **Privacidade e segurança dos dados**

- **Desafio**: Garantir o tratamento seguro e ético dos dados em aplicações de IA.
- **Considerações**: Implementar medidas sólidas de proteção de dados, tornar os dados anónimos e obter o consentimento do utilizador para a utilização dos dados.

2. **Preconceito e equidade na IA**

- **Desafio**: Abordar os preconceitos nos algoritmos de IA que podem perpetuar as desigualdades.
- **Considerações**: Realização de avaliações de preconceitos, diversificação dos conjuntos de dados de formação e implementação de métricas de equidade nos modelos de IA.

3. **Colaboração interdisciplinar**

- **Desafio**: Colmatar as lacunas entre os peritos técnicos em IA, os especialistas no domínio e os decisores políticos.
- **Considerações**: Promoção de colaborações interdisciplinares, fomento do diálogo entre as partes interessadas e integração de diversas perspectivas no desenvolvimento da IA.

4. **Confiança e aceitação do público**

- **Desafio**: Criar confiança pública nas tecnologias de IA e responder às preocupações sobre a deslocação de postos de trabalho e o impacto da IA na sociedade.

- **Considerações**: Envolvimento do público, comunicação transparente sobre as capacidades e limitações da IA e demonstração dos benefícios sociais da IA.

Melhores práticas para criar um ecossistema de IA colaborativo

1. **Envolver as partes interessadas**: Promover o diálogo e a colaboração entre as diversas partes interessadas, incluindo o meio académico, a indústria, o governo e os grupos comunitários.
2. **Promover a transparência**: Garantir a transparência nos processos de desenvolvimento da IA, na utilização de dados e nos algoritmos de tomada de decisão para criar confiança e responsabilidade.
3. **Educar e capacitar**: Investir em iniciativas de educação e desenvolvimento de competências em matéria de IA para capacitar os indivíduos e as organizações a tirar partido da IA de forma responsável.
4. **Adotar directrizes éticas**: Implementar princípios e normas éticas de IA para orientar o desenvolvimento, a implantação e os quadros regulamentares da IA.
5. **Apoiar a inovação**: Incentivar a inovação através de oportunidades de financiamento, parcerias de investigação e programas de incubação para startups e empresários de IA.

Perspectivas futuras

O futuro da IA depende da criação de um ecossistema de colaboração que promova a inovação, práticas éticas de IA e benefícios sociais. Ao promover a colaboração aberta, a partilha de dados, as orientações éticas e as iniciativas educativas, as partes interessadas podem aproveitar todo o potencial da IA, ao mesmo tempo que enfrentam desafios e garantem a inclusão. Os esforços contínuos para construir um ecossistema de IA colaborativo abrirão caminho para avanços transformadores, crescimento económico e impactos positivos nas comunidades globais.

Conclusão

A criação de um ecossistema de IA colaborativo exige esforços concertados das empresas, do meio académico, dos governos, dos tecnólogos e da comunidade. Ao abraçar a colaboração aberta, as directrizes éticas, a partilha de dados e a educação, as partes interessadas podem navegar pelas complexidades do desenvolvimento e da implementação da IA, maximizando simultaneamente os seus benefícios para a sociedade. A jornada para um futuro responsável e inclusivo impulsionado pela IA requer um compromisso contínuo com a colaboração, inovação e liderança ética, garantindo que as tecnologias de IA sirvam o bem comum e contribuam para os objectivos de desenvolvimento sustentável.

Visão para o futuro: Harmonizar a IA e o potencial humano

Introdução

O futuro da inteligência artificial (IA) é imensamente promissor para aumentar o potencial humano, enfrentar os desafios globais e moldar um mundo mais inclusivo e sustentável. Este capítulo explora uma perspetiva visionária sobre a harmonização da IA com as capacidades humanas, realçando a colaboração, as considerações éticas e o impacto social das tecnologias de IA.

Melhorar as capacidades humanas com a IA

1. **Inteligência aumentada**

   - **Definição**: A IA melhora a tomada de decisões, a criatividade e a produtividade humanas sem substituir o julgamento humano.
   - **Aplicação**: As ferramentas alimentadas por IA nos cuidados de saúde ajudam os médicos no diagnóstico e no planeamento do tratamento, optimizando os resultados ao mesmo tempo que preservam a empatia humana e as considerações éticas.

2. **Aprendizagem e desenvolvimento personalizados**

   - **Definição**: A IA adapta os conteúdos educativos e as experiências de aprendizagem às necessidades individuais e aos estilos de aprendizagem.
   - **Aplicação**: Os tutores de IA e as plataformas de aprendizagem adaptativa proporcionam uma educação personalizada, colmatando as lacunas de aprendizagem e promovendo oportunidades de aprendizagem ao longo da vida para todos.

3. **Potenciar a criatividade e a inovação**

   - **Definição**: A IA colabora com os seres humanos em domínios criativos, gerando novas ideias, obras de arte e soluções.
   - **Aplicação**: As ferramentas de design baseadas em IA ajudam artistas, arquitectos e designers a criar obras inovadoras, expandindo os limites da expressão criativa.

Considerações éticas e IA responsável

1. **Conceção ética da IA**

   - **Princípios**: Conceber sistemas de IA que dêem prioridade à equidade, transparência, responsabilidade e respeito pelos direitos humanos.

- **Aplicação**: A implementação de directrizes éticas em matéria de IA garante que as tecnologias de IA beneficiam a sociedade, minimizando as consequências não intencionais e os preconceitos.

2. **Acesso inclusivo à IA**

- **Princípio**: Assegurar um acesso equitativo às tecnologias e oportunidades de IA para as diversas populações.
- **Aplicação**: A resolução dos fossos digitais e a promoção de uma conceção de IA inclusiva permitem que todos os indivíduos beneficiem dos avanços da IA, independentemente do seu estatuto socioeconómico ou localização geográfica.

3. **Impacto social e governação**

- **Princípio**: Estabelecer quadros regulamentares e políticas que regulem o desenvolvimento, a implantação e a utilização da IA.
- **Aplicação**: A colaboração entre os governos, a indústria e a sociedade civil garante que as tecnologias de IA servem o interesse público, protegem a privacidade e defendem os direitos humanos.

Colaboração entre humanos e IA

1. **Sistemas de IA centrados no ser humano**

- **Abordagem**: Conceber sistemas de IA que complementem os pontos fortes humanos e melhorem as experiências dos utilizadores.
- **Aplicação**: Os robôs colaborativos (cobots) ajudam os trabalhadores no fabrico e na logística, aumentando a eficiência e a segurança e apoiando simultaneamente as competências humanas e a tomada de decisões.

2. **Cuidados de saúde com base na IA**

- **Integração**: Integrar a IA nos sistemas de saúde para melhorar os resultados dos doentes, melhorar os diagnósticos e personalizar os planos de tratamento.
- **Aplicação**: A imagiologia e os diagnósticos médicos baseados em IA ajudam os profissionais de saúde na deteção precoce de doenças e na medicina de precisão, melhorando a prestação de cuidados de saúde em todo o mundo.

3. **IA para o desenvolvimento sustentável**

- **Objetivo**: Aproveitar a IA para enfrentar desafios globais como as alterações climáticas, a gestão de recursos e a resposta a catástrofes.

- **Aplicação**: Os modelos preditivos e a análise de dados com base em IA informam as práticas agrícolas sustentáveis, os esforços de conservação e a preparação para catástrofes, atenuando os riscos ambientais.

Capacitar as gerações futuras

1. Educação e literacia em IA

- **Iniciativa**: Promover a literacia em IA e as competências digitais entre estudantes e profissionais.

- **Aplicação**: A integração do ensino da IA nos currículos escolares e nos programas de aprendizagem ao longo da vida prepara os indivíduos para carreiras orientadas para a IA e para uma cidadania responsável na era digital.

2. Empreendedorismo e inovação

- **Oportunidade**: Apoiar as startups de IA e os ecossistemas de inovação para impulsionar o crescimento económico e os avanços tecnológicos.

- **Aplicação**: As incubadoras, os aceleradores e as iniciativas de financiamento alimentam os empresários de IA, promovendo inovações disruptivas que beneficiam diversos sectores e comunidades.

Construir um futuro sustentável e inclusivo

1. Colaboração global

- **Estratégia**: Promover a colaboração e as parcerias internacionais para fazer avançar a investigação, o desenvolvimento e a implantação da IA.

- **Aplicação**: As iniciativas multilaterais e as plataformas de partilha de conhecimentos facilitam a cooperação global em matéria de governação, normas e orientações éticas da IA.

2. Liderança ética

- **Princípio**: Promover a liderança ética e a responsabilidade empresarial no desenvolvimento e implantação da IA.

- **Aplicação**: Os líderes do sector e os responsáveis políticos defendem a ética, a transparência e a responsabilidade da IA, definindo as normas e as melhores práticas do sector.

A visão para harmonizar a IA e o potencial humano prevê um futuro em que as tecnologias de IA capacitam os indivíduos, melhoram o bem-estar social e impulsionam o desenvolvimento sustentável. Ao adotar os princípios éticos da IA, ao promover a colaboração entre humanos e máquinas e ao dar prioridade ao acesso inclusivo à IA e à educação, podemos navegar pelos impactos transformadores da IA de forma responsável. Juntos, podemos moldar um futuro em que a IA sirva como uma ferramenta poderosa para a inovação, a criatividade e o progresso humano, desbloqueando novas possibilidades e garantindo uma sociedade próspera e equitativa para as gerações vindouras.

Conclusão

Em conclusão, "Beyond Algorithms: O Toque Humano na IA" investiga o potencial transformador da inteligência artificial quando alinhada com os valores e capacidades humanos. Ao longo desta exploração, testemunhámos como a IA melhora o diagnóstico dos cuidados de saúde, revoluciona a educação através da aprendizagem personalizada e promove a criatividade nas artes e na inovação. Crucialmente, o livro enfatiza a importância das considerações éticas no desenvolvimento da IA, defendendo a transparência, a justiça e a inclusão para mitigar preconceitos e garantir que a IA sirva o bem-estar da sociedade. Olhando para o futuro, a visão para harmonizar a IA e o potencial humano reside em ecossistemas colaborativos onde as partes interessadas - desde empresas e governos a investigadores e comunidades - trabalham em conjunto. Ao dar prioridade a práticas éticas de IA, educação contínua e acesso equitativo, podemos moldar um futuro em que a IA aumenta as capacidades humanas, impulsiona o desenvolvimento sustentável e cria uma sociedade global mais inclusiva e próspera. À medida que navegamos na paisagem em evolução da IA, a adoção destes princípios será essencial para aproveitar todo o seu potencial, salvaguardando simultaneamente os valores e a dignidade humanos.

Referências

Revolucionar os cuidados de saúde: o papel da inteligência artificial na prática clínica. Alowais SA, Alghamdi SS, Alsuhebany N, et al. https://doi.org/10.1186/s12909-023-04698-z. *BMC Med Educ.* 2023;23:689.

O potencial da inteligência artificial nos cuidados de saúde. Davenport T, Kalakota R. *Future Healthc J*. 2019;6:94-98

Desafios para os cuidados de saúde na Índia - os cinco A's. Kasthuri A. *Indian J Community Med.* 2018;43:141-143.

O papel da inteligência artificial nos cuidados de saúde: uma revisão estruturada da literatura. Secinaro S, Calandra D, Secinaro A, Muthurangu V, Biancone P. https://doi.org/10.1186/s12911-021-01488- 9. *BMCMedInform Decis Mak.* 2021;21:125.

A inteligência artificial e a necessidade permanente de empatia, compaixão e confiança nos cuidados de saúde. Kerasidou A. *Bull World Health Organ.* 2020;98:245-250.

Inteligência artificial na saúde: transformando a prática da medicina. Bajwa J, Munir U, Nori A, Williams B. *Future Healthc J.* 2021;8:0-94.

Medicina de precisão, IA e o futuro dos cuidados de saúde personalizados. Johnson KB, Wei WQ, Weeraratne D, et al. *Clin Transl Sci.* 2021;14:86-93.

Inteligência artificial e medicina personalizada. Schork NJ. *Cancer Treat Res.* 2019;178:265- 283.

Inteligência artificial explicável para modelação preditiva em cuidados de saúde. Yang CC. *J Healthc Inform Res.* 2022;6:228-239.]

Inteligência artificial com robótica nos cuidados de saúde: uma revisão narrativa da sua viabilidade na Índia. Deo N, Anjankar A. *Cureus.* 2023;15:0.

Inteligência artificial na descoberta e desenvolvimento de medicamentos. Paul D, Sanap G, Shenoy S, Kalyane D, Kalia K, Tekade RK. *Discov de drogas hoje.* 2021;26:80-93.

O futuro da gestão das tarefas administrativas dos cuidados de saúde com recurso à IA. Glover WJ, Li Z, Pachamanova D. *NEJM Catalyst.* 2022

Inteligência artificial aplicada aos ensaios clínicos: oportunidades e desafios. Askin S, Burkhalter D, Calado G, El Dakrouni S. *Health Technol (Berl)* 2023;13:203-213.

Abordando o preconceito em big data e IA para cuidados de saúde: uma chamada para a ciência aberta. Norori N, Hu Q, Aellen FM, Faraci FD, Tzovara A. *Patterns (N Y)* 2021;2:100347.

Transparência e o problema da caixa negra: porque é que não confiamos na IA. von Eschenbach WJ. *Philos Technol.* 2021;34:1607-1622.

Desafios éticos e jurídicos dos cuidados de saúde baseados na inteligência artificial. Gerke S, Minssen T, Cohen G. *Inteligência Artificial nos Cuidados de Saúde.* 2020:295-336.

Um inquérito descritivo transversal sobre a atitude do público em relação à profissão de enfermagem na Índia. Mohanasundari SK, Joseph J, Raghu VA, Padmaja A. *Asian JNurs Educ Res.* 2021;4:510-514.

Perspetiva dos enfermeiros relativamente à sua profissão preferida na Índia. Mohanasundari Mohanasundari, SK SK, Raghu Raghu, VA VA. *Indian J Cont Nurs Educ.* 2023;24:48-54.

Pensar como uma enfermeira: um modelo baseado na investigação do julgamento clínico em enfermagem. Tanner CA. *J Nurs Educ.* 2006;45:204-211.

O que é a resiliência? Uma revisão integrativa da literatura empírica. Aburn G, Gott M, Hoare
K . *JAdv Nurs.* 2016;72:980-1000.

Advocacia em saúde e cuidados de saúde primários: evidências para a enfermagem. Ventura CA, Fumincelli L, Miwa MJ, Souza MC, Wright MD, Mendes IA. *Rev Bras Enferm.* 2020;73:0.

Comunicação interdisciplinar e colaboração entre médicos, enfermeiros e pessoal de assistência não licenciado. Lancaster G, Kolakowsky-Hayner S, Kovacich J, Greer-Williams N. *J Nurs Scholarsh.* 2015;47:275-284.

Diversificando a liderança de enfermagem por meio de compromisso, conexão e colaboração. Persaud S. *Nurs Adm Q.* 2020;44:244-250.

Impacto da relação enfermeiro-paciente na qualidade dos cuidados e na autonomia do paciente na tomada de decisões. Molina-Mula J, Gallo-Estrada J. *Int JEnviron Res Public Health.* 2020;17:835.

Douthit BJ, Shaw RJ, Lytle KS. American Nurse. Inteligência artificial em enfermagem. 2022. https://www.myamericannurse.com/ai-artificial-intelligence-in-nursing/

Desvantagens da inteligência artificial e suas potenciais soluções no sector da saúde. Khan B, Fatima H, Qureshi A, Kumar S, Hanan A, Hussain J, Abdullah S. *Biomed Mater Devices.* 2023:1-8.

MIX
Papier aus verantwortungsvollen Quellen
Paper from responsible sources
FSC® C105338

Printed by Books on Demand GmbH, Norderstedt / Germany